数学是打开世界的一把钥匙。

一起成为小小数学家吧！

探索成员 1：小翼

长着一头自来卷的小翼热爱数学、喜欢钻研，是同学们公认的学霸，被大家亲切地称为"小牛顿"。

探索成员 2：茜茜

活泼可爱、勤奋好学的茜茜是"小牛顿"的同班同学，她记录了每次的数学探索项目。

探索成员 3：小鹦鹉

聪明机智，爱提问题的小鹦鹉是探索小组唯一会飞的成员，也是探索小组的观察能手！

探索成员 4：大猫

憨厚幽默，思路灵活，大猫在关键时刻常常表现出众，给探索小组带来了不少欢乐。

厉害了！我的数学

正方体

曲少云/文　李卓颖/图

中国和平出版社
China Peace Publishing House

图书在版编目（CIP）数据

正方体 / 曲少云文 ; 李卓颖图 . -- 北京 : 中国和平出版社 , 2023.4
（厉害了！我的数学）
ISBN 978-7-5137-2393-0

Ⅰ . ①正… Ⅱ . ①曲… ②李… Ⅲ . ①数学 – 儿童读物 Ⅳ . ① O1-49

中国版本图书馆 CIP 数据核字 (2022) 第 147906 号

厉害了！我的数学

正方体

曲少云 / 文　李卓颖 / 图

策　　划	代新梅		经　　销	全国各地书店	
责任编辑	代新梅				
美术编辑	弯　弯		开　　本	880mm×1230mm　1/20	
责任印务	魏国荣		印　　张	2	
出版发行	中国和平出版社（北京市海淀区花园路甲 13 号院 7 号楼 10 层　100088）		字　　数	30 千字	
	www.hpbook.com　　bookhp@163.com		版　　次	2023 年 4 月第 1 版　　2023 年 4 月第 1 次印刷	
发 行 部	（010）82093832　　82093801（传真）		书　　号	ISBN 978-7-5137-2393-0	
出 版 人	林　云		定　　价	22.00 元	

　　生活中，你会很容易发现正方体的身影。作为最常见的几何体，正方体有着你想象不到的大本领。

每个正方体都有＿＿＿个面、＿＿＿条棱、＿＿＿个顶点，每个顶点连接着＿＿＿条棱。

答案见文末。

下面哪几个图形可以折成正方体呢？

你找对了吗？下面的图形能折出正方体。这些图形可以归纳为三类。

① 一四一型

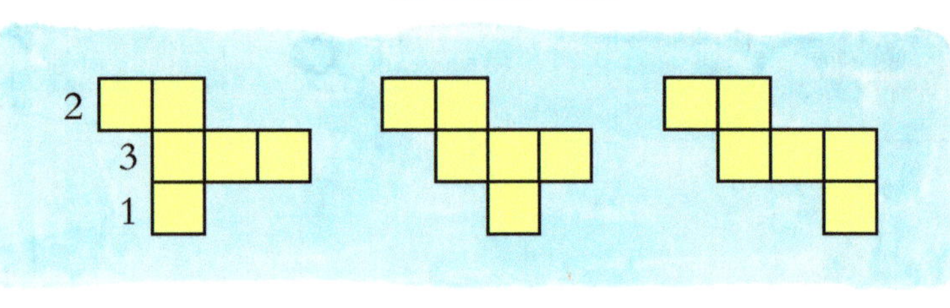

② 二三一型

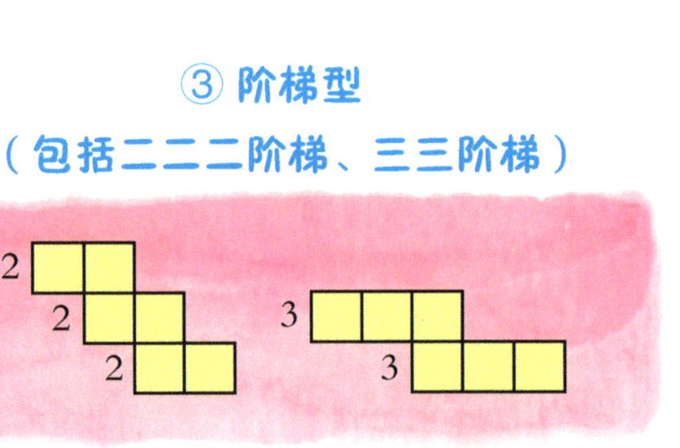

③ 阶梯型

（包括二二二阶梯、三三阶梯）

动手折一折，你能发现一些奇妙的规律。

反过来，把一个完整的正方体剪开摊平，变成相连的 6 个平面正方形。要怎么做？

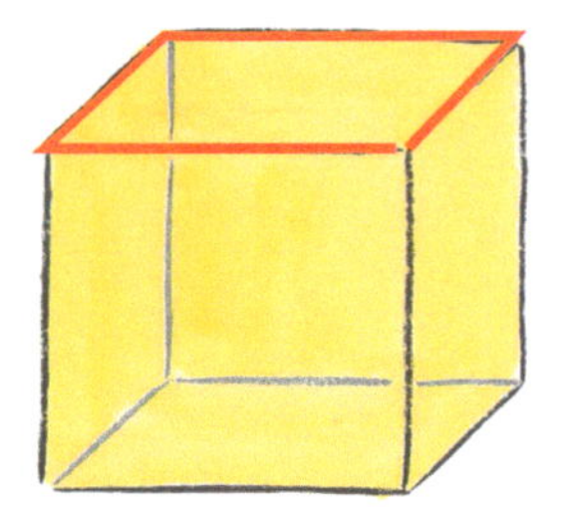

除了打开和折叠，我们还可以试着用小棍搭建一个正方体。

因为正方体有12条棱，所以，12根小棍长度相同才能拼成正方体，少1根都不行。

有时候，也会有意外收获。6根小棍竟可以拼出一个四面体！

你一定遇到过下面的问题：只切一刀，怎么把正方体切成两个同样大小的长方体呢？

确定这个切割面的办法：如图，分别确定 4 条红色棱的中点；
然后，把这 4 个点沿表面顺次连接起来，切割面就找到了。

只切一刀，怎么把正方体切成两个完全相等的部分呢？

确定这个切割面的办法：如图，找到相对的 2 条红色棱和棱两端的顶点；然后，在上、下两个面把顶点连接起来，切割面就找到了。

切割的工作很好玩，你还能把一个大正方体均匀地分成不同数量的小正方体。

切分一个大的正方体时：

切3刀，可得__8__个小正方体；

切6刀，可得__27__个小正方体；

切9刀，可得__64__个小正方体……

	切0刀	切3刀	切6刀	切9刀
每面正方形个数	1	4（2×2）	9（3×3）	16（4×4）
正方体总数	1（1×1×1）	8（2×2×2）	27（3×3×3）	64（4×4×4）

很多的小正方体搭建起来啦。跟着小建筑师，从不同方向好好观察一下吧！

答案见文末。

继续增加正方体的个数，一边观察一边思考，这可是成为建筑师的好机会。

答案见文末。

用红线画出大猫看到的

用蓝线画出小鹦鹉看到的

一个好的建筑师，一定能完成下面的问题。

下面的立体结构，由几个正方体构成？

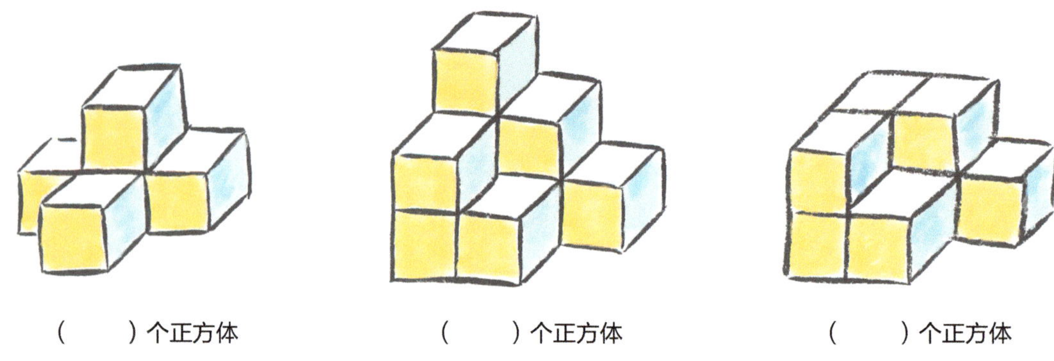

（　　　）个正方体　　　　　　（　　　）个正方体　　　　　　（　　　）个正方体

下面的立体结构，哪两个视角看到的完全相同？

正面○　　　　左面○　　　　上面○

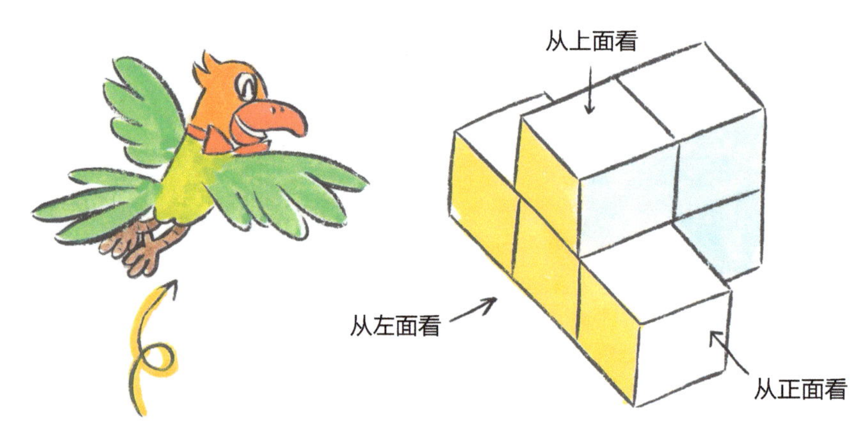

答案见文末。

从正面看到的是（　　　），从上面看到的是（　　　），从左面看到的是（　　　）。

比　　（　　　）　　多（　　　）个正方体。

答案见文末。

在空缺的正方体正面，填上恰当的数。

答案见下一页。

人们也把这个三角形的正方体墙面称为"数字金字塔"。在这个"金字塔"中，数和数之间有很多神奇的规律，这些规律由中国南宋数学家杨辉提出，所以它也叫"杨辉三角"。

1974 年，匈牙利建筑学教授鲁比克发明了一个正方块游戏——魔方，想帮助学生了解正方体。小小的魔方，无论如何旋拧，都不会有任何一块掉出来。

魔方受到了全世界人们的喜爱。
还有更多的奇妙魔方，你玩过几种呢？
太神奇啦！

生活中还有一类好玩的正方体——"骰子"。

骰子是一种常见的游戏工具，它的六个面上分别刻着数量不等的圆点，个数分别是
1、2、3、4、5、6。

　　也许你已经发现了，骰子相对的两个面，点数之和是7。利用骰子各个面上的圆点，人们设计出了不少有趣的游戏。

答案见文末。

游戏 2：求和之后，谁的个位最大
手握3粒骰子，从手里一次性丢到桌上。然后，求出点数之和，个位大的玩家获胜！
谁获胜了？
请另附纸记录点数。

游戏 3：桌上骨牌对对碰

游戏规则：相邻骰子点数相同，即完成对对碰。你知道空白处应如何摆放骰子吗？

答案见文末。

第2页：6，12，8，3。

第15页：如图，鹦鹉从上面看到了C ，小牛顿从左面看到了B ，

大猫从正面看到了A 。

第16页：如图，鹦鹉看到了A ，大猫看到了C ，茜茜用6个正方体搭建。

第17页：小牛顿用8个正方体搭建。大猫看到的是 ，鹦鹉看到的是 。

第18页：5，9，8。从上面和从左面看到的完全相同。
第19页：D，B，A，16。
第26页：1+6=7　　6+1=7
　　　　　2+5=7　　5+2=7
　　　　　3+4=7　　4+3=7

第29页：如图。

更多正多面体

  每个面都是正三角形的立体图形		有四个面的，叫正四面体。	
		有八个面的，叫正八面体。	
		有二十个面的，叫正二十面体。	
每个面都是正方形的立体图形		有六个面，叫正六面体，也就是正方体。	
每个面都是正五边形的立体图形		有十二个面，叫正十二面体。	

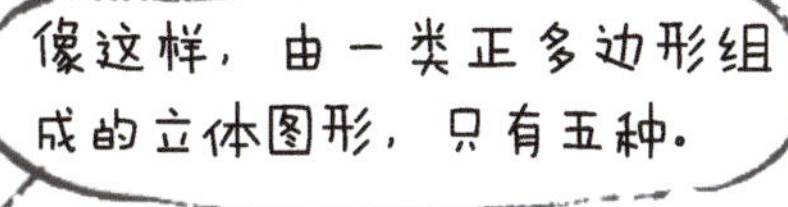

名称	图形	平面展开图
正四面体		
正六面体		
正八面体		
正十二面体		
正二十面体		

"厉害了！我的数学" 系列科普图画书

- △ 《数的起源》
- △ 《自然数、整数、0》
- △ 《时间的历史》
- △ 《口算通关法》
- △ 《等号和加减乘除》

- △ 《辨识空间方位》
- △ 《为什么是三角形》
- △ 《四边形的奥秘》
- △ 《正方体》
- △ 《分类和找规律》

作者简介

曲少云/文

数学科普教育专家，教育心理硕士，拥有20余年数学教龄，对中国孩子的数学学习和发展轨迹了如指掌，能够系统、科学地指导孩子进行数学学习和训练。著有系列畅销书"今晚七点半，数学妈妈的游戏课""奇妙的数学游戏书"等，累计销量超过100万册。线上课程"如何开发孩子的数学潜力""数学启蒙，父母是最好的老师"广受老师、家长赞誉。

李卓颖/图

绘本创作者，动画专业硕士，毕业于广州美术学院及荷兰圣优斯特艺术学院。

作品有《公主怎么挖鼻屎》《溜达鸡》《从前有个筋斗云》《两个小妖精抓住一个老和尚》。作品曾获第二届"信谊图画书奖"，第二届小凉帽国际绘本奖优秀作品奖，2016年深圳读书月"年度十大童书"。《从前有个筋斗云》入选第十三届全国美展，入选教育部推荐书目。